CONGRÈS INTERNATIONAL

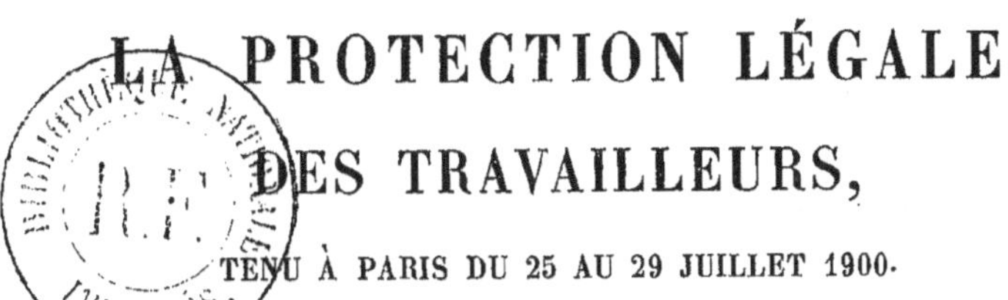

POUR

LA PROTECTION LÉGALE

DES TRAVAILLEURS,

TENU À PARIS DU 25 AU 29 JUILLET 1900.

COMMISSION D'ORGANISATION.

BUREAU.

PRÉSIDENT.

M. Paul Cauwès, professeur à la Faculté de droit de l'Université de Paris.

VICE-PRÉSIDENTS.

MM. Arthur Fontaine, directeur du Travail au Ministère du commerce.

Léopold Mabilleau, directeur du Musée social.

SECRÉTAIRES GÉNÉRAUX.

MM. Raoul Jay, professeur à la Faculté de droit de l'Université de Paris.

Léon de Seilhac, délégué permanent au service industriel et ouvrier du Musée social.

TRÉSORIER.

M. Léon de Seilhac.

MEMBRES.

MM. Blondel (Georges), professeur à l'École des hautes études commerciales.

Breton (Georges), sous-directeur du Travail au Ministère du commerce et de l'industrie.

Briat (Edmond), secrétaire général de la Chambre syndicale des ouvriers en instruments de précision.

Contant, chef du Bureau du Travail à l'Hôtel de Ville.

Gide (Charles), professeur à la Faculté de droit de l'Université de Paris.

Lichtenberger (André), délégué au service des publications du Musée social.

Lorin (Henri), ancien élève de l'École polytechnique, membre du Comité de perfectionnement du Collège libre des sciences sociales.

Martin-Saint-Léon (Étienne), docteur en droit, bibliothécaire du Musée social.

Quillent, conseiller prud'homme ouvrier.

Souchon, professeur à la Faculté de droit de l'Université de Paris.

PROGRAMME.

I. — LA LIMITATION LÉGALE DE LA JOURNÉE DE TRAVAIL.

Étude comparée des législations. — La limitation légale de la journée de travail pour les enfants, adolescents, femmes et hommes adultes. — Progrès et réformes désirables. — Peut-on espérer et poursuivre la fixation, dans les principaux pays industriels, d'un même maximum légal de la journée de travail ?

II. — L'INTERDICTION DU TRAVAIL DE NUIT.

Les conséquences du travail de nuit. — L'interdiction du travail de nuit dans les législations des divers pays. — Peut-on interdire le travail de nuit à toutes les catégories de travailleurs, enfants, adolescents, femmes et hommes adultes ? — Une pareille interdiction comporterait-elle des exceptions pour certaines industries ? — Une entente internationale est-elle nécessaire pour arriver à la suppression du travail de nuit ?

III. — L'INSPECTION DU TRAVAIL.

Organisations diverses données, suivant les pays, à l'inspection du travail. — Avantages et inconvénients de ces organisations. Résultats obtenus. — De la collaboration des ouvriers à l'inspection du travail : inspecteurs adjoints, délégués élus par les ouvriers, contrôle par les syndicats.

IV. — UNION INTERNATIONALE
POUR LA PROTECTION LÉGALE DES TRAVAILLEURS.

De l'utilité d'une association internationale pour le progrès de la législation du travail. — Quel devrait être le rôle d'une pareille association ?

MINISTÈRE DU COMMERCE, DE L'INDUSTRIE
DES POSTES ET DES TÉLÉGRAPHES

EXPOSITION UNIVERSELLE INTERNATIONALE DE 1900

DIRECTION GÉNÉRALE DE L'EXPLOITATION

CONGRÈS INTERNATIONAL

POUR

LA PROTECTION LÉGALE

DES TRAVAILLEURS

TENU À PARIS DU 25 AU 29 JUILLET 1900

COMPTE RENDU SOMMAIRE

PAR

M. ANDRÉ LICHTENBERGER

PARIS

IMPRIMERIE NATIONALE

M CM

EXPOSITION UNIVERSELLE INTERNATIONALE DE 1900

DIRECTION GÉNÉRALE DE L'EXPLOITATION

CONGRÈS INTERNATIONAL

POUR

LA PROTECTION LÉGALE

DES TRAVAILLEURS

TENU À PARIS DU 25 AU 29 JUILLET 1900

COMPTE RENDU SOMMAIRE

PAR

M. ANDRÉ LICHTENBERGER

PARIS

IMPRIMERIE NATIONALE

M CM

DÉLÉGUÉS OFFICIELS DES GOUVERNEMENTS ÉTRANGERS.

Autriche. — M. le comte DE AUERSPERG, conseiller au Ministère de l'intérieur. — Ministère du commerce : MM. HUGO-BACH, secrétaire du Ministère du commerce; le docteur Richard HASENÖHRL et Victor MATAJA. — Ministère de l'agriculture : M. Alexandre TOLDT.

Belgique. — Ministère de l'industrie et du travail : MM. J. DUBOIS, directeur général au Ministère de l'industrie et du travail, et E. Ver HEES, chef de bureau à l'Office du travail.

États-Unis d'Amérique. — MM. le docteur John CUMMINGS, professeur de sciences sociales à «Harvard University» et W. F. WILLOUGHBY, expert du Bureau du travail.

Mexique. — M. Miguel A. DE QUEVEDO, ingénieur des Ponts et Chaussées.

Pays-Bas. — M. H.-W.-E. STRUWE, inspecteur du Travail.

Russie. — MM. P. APOSTOL, le docteur POGOJEFF et RAFFALOVICH.

BUREAU DU CONGRÈS.

PRÉSIDENTS.

MM. CAUWÈS, président de la Commission d'organisation.

VON BERLEPSCH, ministre d'État, ancien président de la Conférence de Berlin.

NYSSENS, ancien ministre de l'Industrie et du Travail en Belgique.

VON PHILIPPOVICH, professeur à l'Université de Vienne.

SCHERRER, avocat à Saint-Gall, ancien président du Congrès de Zurich.

SECRÉTAIRES.

MM. JAY et DE SEILHAC, secrétaires généraux de la Commission d'organisation.

BAUMÉ, BLONDEL, LECOQ, LICHTENBERGER, QUILLENT, SOUCHON.

COMPTE RENDU SOMMAIRE.

INTRODUCTION.

La Conférence de Berlin de 1890, provoquée par l'empereur d'Allemagne, avait été la première tentative des nations civilisées pour étudier ensemble les moyens de développer la législation du travail. Quatorze États y furent représentés et leurs représentants discutèrent longuement les principes d'une bonne législation ouvrière et se trouvèrent d'accord pour exposer, dans des vœux d'ailleurs très modestes, le minimum d'intervention qu'il fût possible de réclamer. La Suisse proposa la création d'un office international du travail. Elle ne fut pas écoutée. Toutefois la Conférence vota cependant le principe d'échanges, entre gouvernements, de relevés statistiques et d'autres documents concernant la législation du travail et son exécution sur les points compris dans les résolutions de la Conférence.

On se sépara en se promettant de travailler à l'avancement de la législation du travail. Les années se passèrent; quelques États améliorèrent leur législation. La plupart firent peu de chose. L'idée d'un bureau international ne semblait guère en progrès. Le Gouvernement helvétique fit en 1896 une deuxième tentative dans ce sens : les réponses qu'il reçut, telles qu'elles sont exposées dans le rapport du Conseil fédéral du 16 janvier 1897, furent des fins de non-recevoir, des objections d'inopportunité venant de la presque unanimité des puissances.

C'est alors que les individus, plus faciles à émouvoir que les gouvernements, se groupèrent pour reprendre la tâche dont ceux-ci se désintéressaient, celle de la création d'un Bureau international de la législation du travail, en même temps que pour étudier la situation respective de la législation du travail dans les différents États, les résultats qu'elle avait provoqués, les vœux généraux qu'il était permis de formuler.

En 1897 deux manifestations importantes furent faites par les deux catégories sociales où se recrute la majorité du parti interventionniste : la classe ouvrière et l'université.

Les associations ouvrières organisèrent à Zurich, du 23 au 28 août 1897, un congrès sur la protection ouvrière [1]. Il était ouvert à tous les représentants des sociétés ouvrières « à condition que ces représentants considéreraient l'intervention de l'État en faveur de la classe ouvrière comme justifiée, nécessaire, urgente. » Les Allemands, les Belges et les Suisses y tinrent de beaucoup la place la plus importante. Il y eut peu d'Anglais, à peu près pas de Français; les socialistes allemands Bebel, Licknecht et Vollmar s'y distinguèrent particulièrement. Les votes qu'émit le Congrès sur chacune des questions qui lui furent soumises, entre autres sur celle du rôle de la législa-

---

[1] Voir *Publications du Congrès international pour la protection ouvrière*, Zurich, 1897, et *Musée social*, circulaire n° 14, série D.

tion à l'égard de la femme, démontrèrent très nettement sa division en catholiques et en socialistes.

Parmi les mesures qui furent préconisées d'un vote à peu près unanime, on peut signaler : la fixation d'un âge minimum pour l'emploi des enfants et des jeunes gens dans les fabriques; l'interdiction du travail de nuit pour les femmes et les jeunes gens dans les fabriques; l'interdiction d'employer les femmes dans les industries dangereuses; l'interdiction du travail du dimanche; la fixation d'une durée maximum de la journée de travail; la création d'un office international de législation du travail.

Le Congrès de la législation du travail se tint à Bruxelles peu de semaines après celui de Zurich, du 27 au 30 septembre 1897.

La composition en était fort différente. Au lieu de l'élément ouvrier prédominant en Suisse, c'était le monde universitaire qui en formait la majorité. Il se partageait nettement en deux groupes : le groupe interventionniste, où figurèrent au premier rang, avec quelques professeurs belges, les représentants de l'école allemande et réaliste, et le groupe franco-belge représentant l'école libérale, dite *française*, répugnant à toute intervention de l'État.

Le programme du Congrès était fort large. Ce n'était pas seulement la mesure dans laquelle l'intervention de l'État devait s'exercer, mais le principe même de l'intervention de l'État qui était mis en discussion; dès la première journée, il fut avéré que si les congressistes étaient d'origine sociale plus homogène qu'à Zurich, leurs doctrines étaient singulièrement plus divergentes qu'à cette dernière assemblée ; le groupe des libéraux et parmi eux, en particulier, MM. Fleury, Strauss et Yves Guyot semblèrent prendre à cœur de provoquer l'assemblée par l'intransigeance de leurs déclarations hostiles à toute intervention étatiste. Les divergences qui se manifestèrent furent si fondamentales qu'il fut impossible de procéder à un vote et que le duc d'Ursel, chargé de clôturer la réunion, fut obligé de se contenter de célébrer en termes infiniment vagues « le spectacle magnifique » auquel il venait d'assister et de conclure très timidement : « La pensée générale qui domine tous les débats qui ont eu lieu, c'est qu'une certaine réglementation est nécessaire et inévitable et que tous les peuples y arriveront. »

Cependant, outre des discussions intéressantes et des rapports fort instructifs sur les modifications opérées dans les législations ouvrières européennes depuis la Conférence de Berlin [1], le Congrès eut un autre résultat. Dans le groupe interventionniste, parmi les Allemands et les Belges principalement, on décida de créer de toutes pièces, sous forme d'association privée, puisque l'inertie des gouvernements semblait invincible, une union internationale pour le progrès de la législation sociale. Et l'on s'occupa de constituer des sections nationales.

La chose aboutit d'abord en Belgique, puis en Allemagne; dans d'autres pays, notamment en Autriche et en Suisse, on s'occupa également de former des groupements analogues.

Il y avait donc de tous côtés un mouvement d'idées fort net en faveur de la protection ouvrière et particulièrement en faveur de la création d'une

---

[1] Voir Léon DE SEILHAC, *Congrès de la législation du travail*, Paris, 1 vol., 1897.

association dont le but serait d'achever son développement. Mais tout cela demeurait assez diffus et l'organisation de l'association projetée rencontrait des difficultés sur lesquelles nous aurons à revenir.

Telle était la situation quand, il y a quelques mois, plusieurs professeurs de la Faculté de droit de Paris, M. Paul Cauwès, le doyen de l'école interventionniste en France, M. Raoul Jay et M. Auguste Souchon pensèrent qu'un Congrès pour la protection légale des travailleurs se trouverait singulièrement à sa place parmi les innombrables congrès qui devaient se tenir à l'occasion de l'Exposition de 1900.

Il s'agissait d'abord d'étudier et de comparer les progrès de la législation ouvrière depuis 1897 en même temps que les effets de cette législation; depuis trois ans, un grand nombre de gouvernements, nous le verrons dans la suite de cette étude, ont pris des mesures nouvelles, ou ont appliqué avec plus d'énergie d'anciennes lois relativement à la réduction de la journée de travail, l'interdiction du travail de nuit, l'inspection du travail, etc. Quelles étaient ces réformes? Quels étaient les résultats obtenus par elles? Avaient-elles eu pour effet de diminuer la production, de ruiner les exploitants, de diminuer les salaires? Avaient-elles défavorisé dans la concurrence économique les pays réformateurs? Devait-on les tenir pour des expériences coûteuses et imprudentes? ou bien, au contraire, les effets en étaient-ils satisfaisants, devait-on aller plus loin dans la même voie? Autant de questions qu'un Congrès seul pouvait poser et résoudre de manière à imposer ses conclusions à l'opinion publique.

Il y avait, d'autre part, à amener à maturité la création de l'association internationale. En Allemagne et en Belgique même, les comités nationaux avaient trouvé des difficultés à se constituer; dans les autres pays le travail était encore moins avancé. En France, spécialement, rien n'avait été tenté et nous restions en matière de législation protectrice du travail dans la posture où nous avaient placés MM. Fleury et Yves Guyot. Le terme *école française* désignait toujours l'école anti-interventionniste. Or, depuis cette époque, principalement dans les Facultés de Droit, s'était dessiné de la manière la plus nette un courant d'idées entièrement opposé. Il importait de prouver qu'en France aussi il y avait un mouvement interventionniste. La meilleure manière de le démontrer n'était-elle pas que ce fût en France, dans le pays de M. Yves Guyot et à l'occasion de l'Exposition de 1900, que sortît des limbes la fameuse association?

Telles furent, sans doute, les idées des promoteurs de ce congrès qui se tint à Paris, du 25 au 29 juillet, dans la salle du Musée social.

I. COMPOSITION, PROGRAMME ET OUVERTURE DU CONGRÈS.

Voici en quels termes, les organisateurs du Congrès manifestèrent, le 25 février 1900, l'esprit et le but de la réunion qu'ils provoquaient :

« Les organisateurs de ce Congrès ne veulent pas soumettre à une nouvelle discussion contradictoire le principe de l'intervention de la loi dans le contrat de travail. C'est un débat que le Congrès de législation du travail, tenu à Bruxelles, en 1897, leur paraît avoir épuisé.

« Ils sont convaincus que la conscience des véritables intérêts des nations contemporaines, tout autant que le souci de remplir un devoir sacré, impose au législateur l'obligation de garantir à l'ouvrier des conditions de travail compatibles avec l'intégrité et le développement de sa personnalité physique et morale. Leur seule prétention serait d'offrir à tous ceux qui partagent leur conviction une occasion de se rencontrer, le moyen de mettre en commun le fruit de leurs observations et de leurs travaux, la possibilité enfin de s'entendre sur quelques points précis.

« Une pareille réunion semble destinée à hâter et à faciliter les progrès de la législation protectrice des travailleurs. Nombreux et redoutables sont les obstacles auxquels ces progrès se heurtent, vives encore et persistantes les appréhensions qu'ils soulèvent. Mieux que des raisonnements abstraits, la connaissance et la comparaison des expériences tentées, des résultats obtenus, montreront comment les obstacles peuvent être franchis, les appréhensions calmées.

« Nous croyons que les membres du Congrès pour la protection légale des travailleurs emporteront des délibérations auxquelles nous les convions une vue plus nette du but à poursuivre et des moyens de l'atteindre. Nous espérons plus : nous espérons que les hommes, qu'une commune préoccupation de l'amélioration du sort des classes laborieuses aura momentanément groupés, sauront créer entre eux des liens permanents.

« Le projet d'une association internationale pour la protection légale des travailleurs est né à Bruxelles en 1897. Depuis trois ans l'idée n'a pas été abandonnée. Elle a déjà suscité la formation de groupes nationaux importants. Puisse l'accueil fait, en tous pays, à notre appel permettre d'en tenter à Paris, en 1900, la complète et définitive réalisation ! »

L'expérience de Bruxelles avait, on le voit, été décisive. Les divergences entre interventionnistes et non-interventionnistes avaient paru trop irréductibles pour qu'on pût raisonnablement espérer qu'une entente fût possible. Dès lors, afin d'éviter que le Congrès ne se passât en discussions stériles ou qu'une obstruction systématique ne l'empêchât d'aboutir, la Commission d'organisation avait jugé préférable de mettre hors de la discussion le principe même de l'intervention, la mesure et la portée de la législation protectrice devant seules être examinées.

Les libéraux intransigeants seuls se trouvant exclus, toutes les écoles interventionnistes étaient appelées à adhérer au Congrès, depuis les plus modérées jusqu'aux socialistes. C'est ainsi que, pour ne prendre d'exemple que dans le monde politique français, les noms de MM. de Mun et l'abbé Lemire figuraient dans le Comité de patronage à côté de MM. Groussier et Vaillant, sans oublier MM. Paul Deschanel et Léon Bourgeois.

Malgré la concurrence des autres congrès de l'Exposition et les difficultés de trouver une date de convenance internationale, les adhérents dépassèrent le nombre de trois cents. Les professeurs et inspecteurs du travail étaient fort nombreux. Les facultés de droit françaises, en particulier, se trouvaient abondamment représentées. A signaler également un chiffre assez considérable d'ingénieurs et de patrons. Beaucoup d'associations ouvrières envoyèrent des mandataires. Malgré une prépondérance visible de l'élément universitaire et administratif, le monde du travail était, somme toute, très largement représenté, du côté *patron* comme du côté *ouvrier*. Plusieurs gouvernements avaient envoyé des délégués officiels.

Au point de vue des nationalités, les Français étaient naturellement de beaucoup les plus nombreux, sinon parmi les adhérents, au moins parmi les membres assistant au Congrès. Mais les Allemands, les Suisses et les Belges étaient en quantité très appréciable. Il y avait également des Italiens, des Russes, des Américains et des Hollandais. L'Angleterre n'était pas représentée.

Au point de vue de la politique sociale, il y avait à regretter l'abstention presque complète des socialistes allemands, qui avaient joué un si grand rôle au Congrès de Zurich. Par contre, les partis ouvriers français fournirent plusieurs orateurs. Les interventionnistes catholiques ou libre-penseurs, mais non collectivistes, formèrent d'ailleurs une majorité très considérable et assez homogène.

Des raisons accidentelles empêchèrent un chiffre appréciable des adhérents du Congrès et parmi eux plusieurs des plus distingués de venir prendre part à ses délibérations. Citons parmi les membres les plus connus de l'école interventionniste qui y assistaient : MM. Paul Cauwès, Scherrer, von Berlepsch, von Philippovich et Nyssens, qui présidèrent les séances; MM. Raoul Jay et Léon de Seilhac, les secrétaires généraux du Congrès; MM. L. Luzzatti, les docteurs Hirsch et Reichesberg, le professeur Mahaim, G. Blondel, Auguste Souchon, Arthur Fontaine, Georges Paulet, Motte, Dron, l'abbé Lemire, Lorin, Paul Pic, etc.

Afin d'éviter que la discussion s'éparpillât, la Commission avait limité à quatre questions le programme du Congrès, ayant choisi celles qui lui paraissaient de l'intérêt le plus immédiat, et qu'il était à la fois possible et utile d'étudier à l'heure actuelle d'une manière approfondie.

Voici quelles étaient ces questions :

I. *La limitation légale de la journée de travail.*

Étude comparée des législations. — La limitation légale de la journée de travail pour les enfants, adolescents, femmes et hommes adultes. — Progrès et réformes désirables. — Peut-on espérer et poursuivre la fixation, dans les principaux pays industriels, d'un même maximum légal de la journée de travail?

II. *L'interdiction du travail de nuit.*

Les conséquences du travail de nuit. — L'interdiction du travail de nuit dans les législations des divers pays. — Peut-on interdire le travail de nuit à toutes les catégories de travailleurs : enfants, adolescents, femmes et hommes adultes? — Une pareille interdiction comporterait-elle des exceptions pour certaines industries? — Une entente internationale est-elle nécessaire pour arriver à la suppression du travail de nuit?

III. *L'inspection du travail.*

Organisations diverses données, suivant les pays, à l'inspection du travail. — Avantages et inconvénients de ces organisations. Résultats obtenus. — De la collaboration des ouvriers à l'inspection du travail : inspecteurs adjoints, délégués élus par les ouvriers, contrôle par les syndicats.

IV. *Union internationale pour la protection légale des travailleurs.*

De l'utilité d'une association internationale pour le progrès de la législation du travail. — Quel devrait être le rôle d'une pareille association?

Vingt-neuf rapports furent présentés, résumant l'état de la législation du travail à l'heure actuelle et ses effets sur la production et le salaire ainsi que les desiderata principaux qui semblaient devoir être formulés.

I

Le Congrès ouvrit ses assises le mercredi 25 juillet, à 2 heures 1/2, sous la présidence de M. MILLERAND, Ministre du Commerce. La première séance fut remplie par le discours de M. Cauwès, professeur à la Faculté de droit de l'Université de Paris, président de la Commission d'organisation, par celui de M. Millerand et par la fixation du bureau et de l'ordonnance des travaux du Congrès.

Nul n'était mieux qualifié que M. Cauwès, véritable initiateur de la doctrine de la protection légale du travail dans le monde universitaire en France, pour établir d'une manière saisissante l'importance de cet ordre de législation et des questions soumises à l'étude du Congrès :

« La législation du travail, a-t-il dit, est l'une des manifestations sociales qui font le plus honneur à la civilisation contemporaine, car elle dénote le souci qu'elle éprouve d'améliorer le sort de ceux qui, par leur travail, créent tous les éléments de bien-être et réalisent tant de merveilles de force et de beauté. Elle forme un vaste ensemble dont toutes les parties, quoique mal soudées, dérivent d'un même principe de tutelle protectrice à l'égard de la faiblesse, de garantie contre les rigueurs de la destinée. »

Dans cet ensemble, le Congrès est obligé de faire un choix. Il concentrera son attention sur l'intervention des pouvoirs publics dans les conditions du contrat de travail.

Passant en revue rapidement les transformations considérables qui se sont opérées dans l'industrie, M. Cauwès a montré comment le développement de la législation protectrice du travail était la conséquence nécessaire et légitime du développement de notre régime industriel, qui, tour à tour, entraînait dans son engrenage les hommes, les femmes et les enfants, les épuisait par un travail excessif, résultat nécessaire du libre jeu de la concurrence nationale et internationale.

Quelques mots lui ont suffi pour faire justice en passant des individualistes qui, admettant à la rigueur les lois protectrices des enfants, condamnent celles qui prétendent régler le travail des femmes, à plus forte raison celui de l'homme.

« Aux yeux de la plupart, a-t-il dit, l'idée ancienne du travail-marchandise et du contrat de travail absolument libre qui en découle est une idée barbare. Dans ce contrat, l'ouvrier engage avec son travail, sa personne, son mode d'existence; des conditions de ce contrat, dépendent la conservation ou l'épuisement de ses forces et de sa santé. Avec des journées trop prolongées, avec un travail de nuit non réglementé, que reste-t-il pour la vie intellectuelle et morale, pour les devoirs et les joies de la famille? L'État lui-même n'a-t-il pas à remplir une tâche de prévoyance sociale et, puisque la valeur de l'homme, du citoyen, les qualités, la perpétuité de la race sont en cause, ne faut-il pas qu'il intervienne pour mesurer d'une façon raisonnable les droits qu'acquiert, en vertu du contrat, celui qui commande le travail? »

La vraie difficulté n'est donc pas de savoir si la législation tutélaire du travail est nécessaire, mais de préciser jusqu'où elle doit aller, où elle doit s'arrêter. A n'écouter que le désir d'alléger la charge souvent accablante des ouvriers, on souscrirait volontiers au programme aussi simple que séduisant des huit heures. Il faut malheureusement de toute nécessité faire entrer en ligne de compte des considérations propres à ralentir l'élan vers les solutions les plus radicales.

C'est l'étude attentive des conditions du travail et de son rendement, étude méthodique détaillée et fondée sur l'observation des faits, qui seule peut enseigner quel minimum de durée la loi peut reconnaître au travail sans diminuer sa force productive.

« La réglementation du travail, a repris M. Cauwès, ne vaut que par l'application qui en est faite. L'étude de l'inspection du travail et des meilleures manières d'assurer l'efficacité de son contrôle est donc le corollaire direct de l'étude de la réglementation elle-même, puisque toute loi dont l'exécution n'est pas surveillée risque de demeurer lettre morte. »

Mais les questions relatives à la limitation de la journée du travail s'internationalisent forcément. Telles mesures ne peuvent peut-être être prises que par une entente internationale. Dans tous les cas, tout pays soucieux d'améliorer sa législation sociale est obligé de se préoccuper de celle de ses voisins : M. Cauwès a donc naturellement été amené à traiter la question de l'association internationale pendante depuis la Conférence de Berlin et dont il a indiqué la formation comme le but principal que devait se proposer le Congrès. Il en a excellemment retracé le sens et la nécessité. Nous aurons à revenir sur ces idées quand nous étudierons plus loin de quelle manière le Congrès a voté l'organisation de l'association.

Prenant la parole après M. Cauwès, dont il a rappelé qu'il avait été l'élève, M. Millerand, ministre du Commerce et de l'Industrie, a apporté à la cause de l'intervention l'appui d'une parole chaude et énergique.

« Nou seulement, a-t-il dit, le principe de l'intervention est reconnue pour indiscutable par un grand nombre de sociologues, mais ses applications sont déjà nombreuses et fécondes. . .

« Est-ce que, en particulier, pour la question de la limitation légale de la journée de travail, vous n'êtes pas déjà armés d'une manière tout à fait sérieuse par les législations des divers pays qui nous entourent? Est-ce que déjà vous n'avez pas sous les yeux de nombreuses lois qui ont édicté cette réglementation et dont, pour une part, on peut dès aujourd'hui mesurer les effets? Entre la loi de 1841, dont vous parlait tout à l'heure votre président, et la loi de 1900, entre la volonté du législateur commençant, non sans éprouver d'inquiétude, ni sans rencontrer de résistance, à protéger l'enfant de huit ans, et la volonté du législateur — je ne parle en ce moment que pour la France — réglant dans de certaines conditions la journée même des ouvriers adultes, quel chemin parcouru! »

A l'égal de la limitation du travail, l'interdiction du travail de nuit mérite d'être examinée. Il constitue une des plaies les plus criantes du régime capitaliste; à l'heure actuelle, la France a noué des négociations avec plusieurs des pays voisins pour en étudier la suppression.

Aucun des problèmes qui touchent à la condition des travailleurs ne peut être résolu si, en même temps que la loi est proclamée, le fonctionnement n'en est assuré et contrôlé, l'étude de l'inspection du travail devant naturellement former la troisième des questions à étudier par le Congrès.

« C'est, a ajouté M. Millerand, une de celles dont, pour ma part, je suivrai les débats avec le plus d'intérêt. Je suis, en effet, intimement convaincu que sans une sérieuse inspection du travail, sans un corps d'inspecteurs bien recrutés et comprenant bien leur mission, toutes les lois du travail ne sont que des documents morts, qui ne peuvent servir de rien. »

La conclusion du discours de M. Millerand a été, comme celle de M. Cauwès, la recommandation au Congrès de ne pas se séparer sans avoir créé un office international destiné non seulement à conserver la trace des travaux de ce Congrès, mais encore et surtout à instituer entre les différents pays des relations permanentes, de manière à faire profiter chacun d'eux des progrès réalisés dans les autres et à entretenir entre eux une communication non interrompue, en sorte que nulle part il ne puisse être adopté une solution sans qu'elle soit immédiatement connue des autres nations qui s'en préoccupent et cherchent à l'appliquer si elle est bonne.

Les applaudissements unanimes qui saluèrent les discours de M. Cauwès et de M. Millerand, traçant au Congrès le programme de ses travaux, prouvèrent qu'en principe au moins ses membres se trouvaient d'accord sur le but proposé à leur activité.

Une commission fut nommée séance tenante pour procéder à la préparation des statuts de l'Union internationale, dont l'organisation apparaissait nettement comme la question la plus importante à résoudre, et le Congrès s'ajourna au lendemain, date véritable de l'ouverture de ses travaux.

Les questions qui formaient le programme du Congrès se trouvent naturellement constituer l'ordre de la marche de ses travaux.

La limitation légale de la journée de travail occupa les deux séances du 26 juillet. — L'interdiction du travail de nuit occupa la matinée du 27. — L'après-midi fut consacrée à l'inspection du travail. — L'association internationale pour la protection légale des travailleurs forma l'ordre du jour de la dernière (matinée du 28 juillet).

II. — LA LIMITATION LÉGALE DE LA JOURNÉE DE TRAVAIL.

La question de la limitation de la journée de travail se trouva étudiée dans treize rapports.

M. le docteur HITZE, député au Reichstag, a étudié *La réglementation de la journée de travail en Allemagne.*

M. Albert MÉTIN a étudié *La limitation légale de la journée de travail, l'interdiction du travail de nuit et l'inspection du travail en Australie et en Nouvelle-Zélande.*

Mme GUMPLOWICZ a donné deux rapports : l'un sur *La réglementation de la journée de travail en Autriche, en général;* l'autre, sur *La journée de travail dans l'industrie des mines en Autriche.*

M. A. VERHAEGEN, membre de la Chambre des représentants, a étudié *La limitation légale de la journée de travail en Belgique.*

M. H. VEDEL a donné un travail important sur *La réglementation légale du travail en Danemark.*

M. Rodriguez DE CEPEDA a donné *Une note sur la législation ouvrière en Espagne.*

M. Raoul JAY a étudié *La limitation légale de la journée de travail de l'industrie française.*

M. BRETON a donné un travail iniitulé *Réglementation et inspection du travail.*

M. E. RIVIÈRE a donné *Une note sur l'inspection de la journée de travail.*

M. R. WORMS a examiné la question *De la protection légale des travailleurs agricoles.*

Mlle B.-L. HUTCHINS a donné une *Contribution à la bibliographie de la réglementation de l'industrie dans le Royaume-Uni.*

M. Joseph SZTÉRENYI a décrit *La protection légale des travailleurs en Hongrie.*

M. G. M. DEN TEX a étudié *La réglementation du travail aux Pays-Bas.*

M. SCHULER a étudié *La limitation légale du travail en Suisse.*

Ces travaux, dus aux savants européens les plus compétents sur les questions étudiées, constituent en ces matières un recueil de première importance et les communications verbales auxquelles ils ont donné lieu ont été des plus intéressantes.

A vrai dire, pas plus sur la question de la limitation de la journée de travail que sur les suivantes, il ne s'est engagé de discussion proprement dite, quant au fond des questions traitées ; les orateurs se sont en général attachés soit à développer leurs rapports, soit à exposer les observations nouvelles qu'ils avaient à faire, sans s'attacher à réfuter ou à contredire les opinions précédemment émises.

Seize orateurs se sont fait entendre sur la question. Parmi eux, MM. Raoul Jay et E. Rivière ont insisté sur quelques points de leurs rapports.

M. Raoul Jay a fixé avec précision les différentes étapes parcourues par la législation du travail en France depuis la loi du 22 mars 1841, résumant et appréciant celles de 1848 et de 1874, ainsi que les décrets de 1851, de 1866 et de 1889, et insistant davantage sur les lois de 1892 et de 1900.

D'après la loi du 2 novembre 1892, la durée du travail des enfants (de 13 à 16 ans) est limitée à dix heures ; celle des adolescents (de 16 à 18 ans) à soixante heures par semaine et onze heures par jour ; celle des femmes à onze heures par jour. De plus, la loi s'applique à tous les ateliers où se fait un travail industriel, à la seule exception des ateliers de famille.

Cette loi, que la Chambre eût voulu beaucoup plus énergique, souleva dans l'application de nombreuses difficultés. En effet, certains industriels durent ou bien diminuer la journée de travail des hommes pour la ramener à celle des enfants ou des femmes, ce que beaucoup se refusèrent à faire, ou bien user du système des relais, qui offre de nombreux inconvénients, entre autres celui de rendre presque impossible le fonctionnement de l'inspection. Aussi les rapports d'inspection de 1893 à 1898 demandent avec ensemble l'unification de la journée de travail pour hommes, femmes et enfants, et la suppression des relais. La loi du 30 mars 1900 est venue réaliser ces vœux.

« Unifier la durée légale du travail de tous les ouvriers employés dans les mêmes établissements, interdire pour l'avenir les organisations de travail qui auraient en même temps pour effet de rendre le contrôle très difficile, d'imposer à l'ouvrier une trop longue présence à l'atelier, et de compromettre l'unité de vie de la famille ouvrière, tel est le but qu'elle se propose d'atteindre. »

L'unification est provisoirement faite sur la base de la journée d'onze heures.

D'après l'article 3 nouveau, « les jeunes ouvriers et ouvrières jusqu'à l'âge de 18 ans et les femmes ne peuvent être employés à un travail effectif de plus d'onze heures par jour, coupé par un ou plusieurs repos dont la durée totale ne pourra être inférieure à une heure, et pendant lesquels le travail sera interdit ».

Mais, « au bout de deux ans à partir de la promulgation de la présente loi, la durée du travail sera réduite à dix heures et demie, et, au bout d'une nouvelle période de deux ans, à dix heures ».

La journée légale des hommes employés dans les établissements mixtes ne pourra dépasser celle des enfants et des femmes. La loi nouvelle ajoute, en

effet, à l'article 1ᵉʳ de la loi du 9 septembre 1848, la disposition suivante :
« Toutefois, dans les établissements énumérés dans l'article 1ᵉʳ de la loi du
2 novembre 1892 qui emploient dans les mêmes locaux des hommes adultes
et des personnes visées par ladite loi, la journée de ces ouvriers ne pourra
excéder onze heures de travail effectif.

« Dans le cas du paragraphe précédent, au bout de deux ans à partir de la
promulgation de la présente loi, la journée sera réduite à dix heures et demie,
et, au bout d'une nouvelle période de deux ans, à dix heures. »

Pour rendre impossibles les abus qu'entraînait l'emploi des relais, la loi
nouvelle dispose que « dans chaque établissement, sauf dans les usines à feu
continu et les mines, minières et carrières, les repos auront lieu aux mêmes
heures pour toutes les personnes protégées par la présente loi ».

Cette disposition, dans sa généralité, s'applique d'après la circulaire du
Ministre du commerce, indistinctement à toutes les catégories de travailleurs
et à tous les modes d'organisation du travail. Ainsi se trouvent unifiées,
pour tout le personnel protégé, non seulement la journée de travail, mais la
répartition du travail entre les limites de cette journée : entrée à la même
heure à l'atelier, repos à la même heure, sortie à la même heure.

La loi de 1900 a été vivement attaquée. Il est fâcheux que, pour quatre
ans encore, l'enfant puisse être soumis à un travail dépassant le maximum
inscrit dans la loi de 1892.

Les avantages de la nouvelle législation sont cependant incontestables.

Cette législation nouvelle, c'est la journée de travail d'un nombre important d'hommes adultes immédiatement ramenée de douze à onze heures. C'est,
dans quatre ans, la journée de dix heures pour plus de 2 millions de travailleurs.

Les renseignements fournis par l'inspection montrent que dès à présent la
journée d'onze heures est entrée dans les mœurs industrielles sans entraîner
de réduction de la production. On doit espérer que la réduction à dix heures
trouvera dans l'opinion publique un énergique appui.

M. Emmanuel RIVIÈRE, ingénieur des Arts et Manufactures, a insisté de son
côté sur les difficultés que l'unification de la journée de travail présentait
pour certaines industries, telles que les forges et l'imprimerie. Ce qu'il faut
essayer, c'est, au moyen de commissions mixtes d'ouvriers et de patrons,
d'arriver par l'expérience et l'étude à fixer pour chaque industrie la *journée
limite* de travail ; elle est déterminée ainsi qu'il suit : « Si l'on prend une heure
quelconque de cette journée et si l'on calcule le travail produit pendant cette
heure, il se trouve très approximativement égal au travail total de la journée
divisé par le nombre d'heures de travail de cette journée. En d'autres termes,
si cette journée est de dix heures et que le travail total produit dans ces dix
heures soit de 5 francs, la sixième, la septième, la huitième, la neuvième, la
dixième heure produiront approximativement chacune 0 fr. 50 de travail. Je
dis « approximativement », parce qu'au début de la journée on ira peut-être un
peu plus vite, à la fin un peu moins vite ; mais enfin les différences seront
faibles ».

« C'est, a-t-il dit, ce que je pourrais appeler la limite d'utilisation de l'ouvrier ; au-dessus et au-dessous, il y a mauvaise utilisation.

« Cette journée-limite, également avantageuse pour le patron et pour l'ouvrier, est certainement différente suivant les industries ; elle doit osciller, à mon avis, entre huit et dix heures. (Personnellement, j'ai admis dans mes ateliers la journée normale de neuf heures trois quarts payée comme dix heures et m'en trouve fort bien.)

« La loi interviendrait pour sanctionner les résultats acquis par des expériences consciencieuses. »

M. Struwe, délégué du Gouvernement des Pays-Bas, a donné un bref tableau de la législation du travail aux Pays-Bas. La journée de travail s'y est en général trouvée réduite à dix et onze heures sans que l'industrie en ait souffert. En réalité, l'ouvrier fait autant de travail en onze heures qu'en douze et peut-être qu'en treize. Pour le travail aux pièces, la journée de travail doit être réduite à dix heures. La réduction de la journée de travail à onze heures et puis à dix ne semble pas être une question internationale, mais une question intérieure dans chaque pays, qui s'y trouve résolue le jour où l'opinion publique invite le législateur à formuler la loi.

M. Bourguin, professeur à la Faculté de droit de l'Université de Lille, a présenté des observations infiniment intéressantes sur les effets de la loi du 30 mars 1900 dans les industries textiles des départements du nord de la France, au triple point de vue de l'unification de la journée de travail, de l'interdiction des relais, de l'organisation du travail par équipes successives.

L'étude attentive des diverses industries (peignage, filature, tissage) lui a montré que les effets du raccourcissement de la journée de travail sur la production sont sensiblement différents suivant les industries.

Il est difficile de prévoir les conséquences de la limitation de la journée à dix heures et demie et à dix heures dans deux et quatre ans. On peut penser cependant qu'en tissage l'ouvrier maintiendra à peu près sa production actuelle, comme le font prévoir certaines expériences déjà tentées. Au contraire, il est à craindre qu'on ne puisse gagner que peu de chose en filature ; le travail ne peut être serré, ni la vitesse des broches augmentée indéfiniment. Alors, si l'industrie est prospère et que les patrons courent après les ouvriers, le salaire se maintiendra ; mais, dans le cas contraire, le salaire journalier des ouvriers sera menacé. En filature de coton particulièrement, on augmente tous les jours le nombre des broches dans la région du Nord, et la surproduction est à craindre.

Les conclusions de M. Bourguin sont entièrement favorables à la loi de 1900. Elle a été appréciée après quelques hésitations par les patrons et les ouvriers.

M. Luzzatti, ancien ministre en Italie, a rappelé que, malgré ses préférences pour l'initiative individuelle, lui-même avait été obligé en Italie de faire intervenir la loi dans le contrat de travail et avait obtenu, malgré la résistance des fabricants, une loi protectrice du travail des femmes. Il a insisté, avec une malice qui a provoqué une réponse de M. Cauwès, président, sur ce fait que, en Italie, c'étaient les protectionnistes, les partisans de la protection des marchandises, qui s'étaient le plus vigoureusement opposés à la protection des personnes. Pour sa part, il est partisan de la réglementation

du travail, et c'est par une législation internationale qu'il espère arriver à
son complet développement.

Après lui, M. le baron von Berlepsch a rappelé les principes de la législation du travail en Prusse et constaté les effets excellents qu'elle avait obtenus.
La loi française de 1900 en amènera certainement d'analogues. Les deux législations doivent d'ailleurs s'efforcer de limiter encore le travail des enfants,
et le moment est venu également de fixer une limite à celui des adultes. Contrairement à l'avis de M. Struwe, il ne suffit pas d'accepter l'opinion publique
comme règle en ces matières. C'est à la loi de la guider parfois et de la con-
traindre, s'il est nécessaire. La limitation du travail adulte à onze, puis à dix
heures, est impérieusement nécessaire.

M. le Dr Pieper est venu confirmer les paroles de M. von Berlepsch relatives
au bon fonctionnement de la loi allemande. Il souhaite qu'étendue depuis 1891
à des établissements qu'elle ne touchait pas primitivement, elle soit appliquée
dorénavant à l'industrie à domicile. L'opinion générale est que la journée de
travail doit être réduite à dix heures, celle d'onze heures devant être regardée
comme un résultat déjà acquis. Si les ouvriers bien organisés insistent résolument en sa faveur, le Gouvernement cédera et l'imposera pour tous, y compris les ouvriers non organisés. Il a rappelé en terminant que, dans les mines
qui sont l'objet d'une législation spéciale d'État et non d'Empire, la journée
de huit heures, y compris l'entrée et la sortie, a été essayée sur divers points
avec succès.

M. von Philippovich, professeur à l'Université de Vienne, a montré, par un
exemple intéressant, toute l'utilité qu'une entente internationale apporterait
aux partisans de la législation du travail. En Autriche, par exemple, où la
journée d'onze heures a été imposée par la loi avec succès (et où elle est
souvent inférieure en pratique), il ne subsiste qu'une exception en faveur
des filatures de soie du sud du Tyrol. Là la journée de travail a continué à
avoir une durée de treize heures pour tous ceux, jeunes et adultes, qui y
prennent part. La population est formée des mêmes éléments que la population italienne voisine, qui pratique la même industrie en travaillant treize
à quatorze heures par jour, et il a bien fallu y mettre l'industrie en état de
soutenir cette concurrence.

Si la limitation de la journée de travail était adoptée dans la Haute-Italie,
il est certain qu'elle serait étendue aux populations tyroliennes.

Il ne croit pas cependant que des conventions internationales pour régle-
menter ce travail soient possibles entre tous les pays européens. Il faut plutôt
que chaque État commence par s'occuper résolument d'améliorer sa propre
législation. L'effort individuel de chacun rendra plus facile ce progrès général
de la législation protectrice qui est une question vitale pour l'Europe entière.

Plusieurs des orateurs qui suivirent M. von Philippovich, notamment
MM. Pourcines, inspecteur départemental du travail; Dron, député; Champy,
conseiller prud'homme; Reichesberg, professeur à Berne, émirent des vœux
et souhaitèrent de les voir soumis au vote du Congrès. Le bureau, qui d'après

le règlement était maître de le faire ou non, jugea prudent de ne pas suivre leur désir. Afin d'arriver à la formation de l'union internationale désirée, il importait, en effet, de ne pas souligner les divisions qui pouvaient exister dans le Congrès. Il apparaissait également fâcheux de soumettre au vote de délégués de nationalités diverses des vœux intéressant un seul pays et aussi de s'attarder à des manifestations dénuées de sanctions. Il fut donc décidé de faire simplement figurer au procès-verbal les vœux déférés.

M. Pourcines souhaitait que le Congrès émît quatre vœux :

1° Que la durée de la journée de travail de l'homme adulte travaillant dans des industries n'employant ni femmes ni enfants soit fixée d'après les règles établies par la loi du 30 mars 1900 pour l'homme adulte travaillant dans les industries qui occupent des enfants ou des femmes ;

2° Que le décret de 1851 soit rapporté et remplacé par une disposition réglementaire tenant compte des nécessités de l'industrie ;

3° Que la loi vise non seulement le travail fait à l'atelier, mais encore celui fait hors de l'atelier lorsque ce travail est fait pour le patron ;

4° Qu'une disposition légale fixe le maximum de salaire des hommes, des femmes et des enfants.

M. Dron soumettait trois vœux : la réglementation du travail des adultes, l'établissement en France dans quatre ans de la journée de dix heures, enfin l'interdiction du travail industriel aux accouchées pendant les quatre semaines qui suivent l'accouchement.

Le Dr Reichesberg demande le vote de la journée de huit heures. Tel est également le vœu présenté par M. Thierbart, secrétaire adjoint de la Confédération générale du travail à Reims, y ajoutant la fixation d'un minimum de salaire. Par contre, M. Gouttes, inspecteur divisionnaire du travail, déposait sur le bureau du Congrès un travail dont les conclusions se bornent à la journée de dix heures, et le Dr Max Hirsch, vice-président du Reichstag allemand et se présentant au nom de cent mille ouvriers groupés dans différentes associations, accusait une divergence d'opinion encore plus marquée : tandis que ses adhérents et lui veulent l'appui de la législation pour les femmes et les enfants, ils prétendent obtenir les réformes nécessaires pour les adultes par la seule force de leurs associations, qui ont déjà assuré des conquêtes précieuses et sans que l'État se fût permis d'intervenir. Le vote de la journée de huit heures trouverait en lui un adversaire déclaré.

De telles oppositions de vues soulignèrent la sagesse de la résolution de ne pas faire voter le Congrès. Selon le vœu de M. Cauwès, président de la Commission d'organisation du Congrès, M. von Berlepsch, qui présidait la séance où se termina la discussion relative à la limitation de la journée de travail, se contenta de constater qu'à la presque unanimité les orateurs s'étaient prononcés pour la réglementation du travail des hommes adultes et pour la fixa-

tion d'une journée maxima d'onze heures, avec la perspective de réduire
cette durée à dix heures dans un délai minimum.

Il aurait également pu ajouter que la même quasi-unanimité avait déclaré
que la limitation de la journée de travail pouvait être obtenue par chaque
pays, indépendamment d'une entente internationale, et que les expériences
faites ces dernières années sur la limitation de la journée prouvaient qu'au
moins dans de certaines limites la réduction des heures du travail est com-
pensée par l'accroissement de l'intensité du travail.

C'étaient là, malgré leur caractère de généralité, des conclusions intéressantes qui clôturaient dignement les instructifs débats relatifs à la première
question du programme.

III. — INTERDICTION DU TRAVAIL DE NUIT.

L'interdiction du travail de nuit, qui formait la deuxième question du programme, ne comportait pas évidemment de développements aussi abondants
que la précédente; les rapports furent moins nombreux et les discours plus
brefs.

La plupart des rapports relatifs à la limitation de la journée de travail n'ont
pas, nous l'avons vu, séparé de cette question l'interdiction du travail de nuit
portée à l'égard des femmes par un grand nombre de législateurs.

Six seulement se sont occupés particulièrement de la question de l'interdiction du travail de nuit :

M. le Dr Hirsch a étudié *L'interdiction du travail de nuit* en général et en
Allemagne en particulier;

M. Kuzmany a décrit *Le travail de nuit en Autriche;*

Un rapport anonyme examine *Le travail de nuit des ouvrières en Belgique;*

M. Paul Pic a traité *De l'interdiction du travail de nuit en France*;

Le Ministère de l'industrie et du commerce, en France, a publié un important recueil de rapports des inspecteurs divisionnaires du travail sur la
question de l'interdiction du travail de nuit;

M. Wegmann a décrit *La réglementation légale du travail de nuit en Suisse.*

Sur la question de la suppression du travail de nuit, onze orateurs ont pris
la parole, parmi lesquels deux rapporteurs : MM. Paul Pic et Hirsch.

M. Paul Pic a retracé, depuis la loi du 19 mai 1874, les étapes de notre
législation.

Les dispositions de cette loi ont paru insuffisantes : 1° en ce qu'elles ne
s'appliquaient pas aux ateliers; 2° en ce qu'elles ne protégeaient pas les enfants au delà de 16 ans, et 3° en ce qu'elles autorisaient le travail de nuit des
filles mineures dans les usines à feu continu et le travail de nuit des femmes
majeures sans aucune limitation.

La loi de 1892 a fait droit à ces critiques et posé le principe de la prohi-
bition absolue du travail de nuit pour les enfants mineurs de 18 ans, les filles
mineures et les femmes.

Il n'a été apporté au principe que des exceptions limitées.

L'application de la loi, en ce qui concerne le travail de nuit, a été satisfaisante. Elle n'a donné lieu qu'à deux critiques sérieuses concernant : l'une les relais et équipes, l'autre les veillées.

La loi du 3o mars 1900 a interdit le travail par relais, le travail par équipes alternantes, supprimé, dans les usines où le travail s'effectue par équipes successives, la tolérance d'après laquelle le patron pouvait faire commencer le travail de la première équipe à 4 heures du matin et prolonger celui de la seconde jusqu'à 10 heures du soir, pourvu que chacune d'elles ne fournît pas plus de neuf heures de travail effectif, et enfin établi que le repos doit avoir lieu aux mêmes heures pour tout le personnel dans les établissements qui ne pratiquent pas le système des équipes, ou pour le personnel de chaque équipe dans les usines qui font usage de la faculté accordée à cet égard.

La question du travail des enfants et des femmes dans les magasins qui est fort grave n'a pas été touchée.

Assez avancée pour la réglementation du travail de nuit des femmes et des enfants, la législation française est au contraire demeurée singulièrement réservée, quant à l'adulte. Ce n'est que très indirectement que son travail de nuit est limité dans certains ateliers.

L'adoption de certaines mesures, telles que la suppression du travail de nuit pour tous les ouvriers sans exception, préconisée par certains inspecteurs, réclamée même par quelques chefs d'industrie, ne pourrait avoir lieu sans péril, qu'en vertu d'un accord international; et telle paraît bien être l'opinion de M. le Ministre du commerce.

M. Hirsch a longuement énuméré les détestables effets hygiéniques du travail de nuit. Au point de vue économique, il est infiniment inférieur au travail de jour. On ne saurait donc s'étonner que la plupart des États civilisés se soient efforcés de le restreindre au moins en ce qui concerne les femmes et les enfants. En Allemagne, c'est la loi du 1er juin 1891, applicable à toutes les fabriques et à un grand nombre d'autres exploitations, qui a interdit d'une manière définitive le travail de nuit aux femmes et aux enfants, sauf un petit nombre d'exceptions. Le Conseil fédéral a de plus été autorisé par la loi à soumettre à une réglementation spéciale les industries qui, par une durée excessive du travail de nuit, menacent la santé des ouvriers. Malgré les bons résultats obtenus ici encore par les ouvriers associés sans l'intervention de l'État, c'est une des matières où doit encore s'exercer son activité

« L'interdiction du travail de nuit pour les jeunes ouvriers, a dit le Dr Hirsch en concluant, nous paraît être une des tâches dont l'entente internationale avancerait sensiblement la réalisation. Nous croyons fermement qu'il en serait de même pour l'élévation de l'âge de protection, en matière industrielle, à 18 ans, pour l'interdiction absolue du travail de nuit des femmes, pour la fixation à un maximum de huit heures du travail de nuit des hommes adultes. »

D'une manière générale, tous les orateurs qui se sont succédé se sont montrés hostiles au travail de nuit des deux sexes, mais principalement au travail féminin. Sur ce point, Mlle KATE SCHIRMACHER seule est venue soutenir la pure doctrine féministe qui, d'ailleurs, est celle d'une partie des socialistes : « Ceux qui demandent la suppression du travail de nuit des femmes, a-t-elle dit, sont très souvent des ouvriers qui ne visent qu'un but : supprimer une concurrence qui les gêne. » Et elle a cité comme exemple le journal *la Fronde*, dont la composition est faite par des femmes et dont la directrice a été poursuivie pour infraction à la loi.

Mlle Kate Schirmacher, dont d'ailleurs la crânerie fort élégante avait été beaucoup applaudie, a trouvé un contradicteur explicite dans M. Keüfer, qui est venu protester au nom des ouvriers typographes tacitement visés et des adversaires indirects dans tous les orateurs qui ont pris la parole.

L'un des plus applaudis a été M. Laporte, inspecteur divisionnaire. Il a pris comme exemple du travail de nuit inutile : d'une part, le brochage et pliage des catalogues et journaux; d'autre part, l'industrie de la mode. L'emploi des machines et un peu de délai pour l'impression des catalogues des grands magasins réprimeront aisément le premier de ces abus. Contre le second, un peu d'attention de la part de la clientèle serait singulièrement efficace. Le jour où les élégantes n'attendront plus au dernier moment pour commander leur robe, les couturières ne feront plus travailler leurs ouvrières trente heures de suite, comme cela a été le cas cette année à la veille du Grand Prix.

M. Bonnard a insisté également pour la limitation du travail de nuit au strict nécessaire, une marge de quelques mois par an devant être accordée au patron, à la condition que chaque heure de travail nocturne soit payée double.

M. Pourcines a dénoncé avec énergie le travail de nuit qui se fait au profit du patron en dehors de l'atelier et a demandé que l'interdiction du travail de nuit s'étendît non seulement à l'atelier, mais au domicile de l'ouvrier.

M. Leblanc, président du Syndicat de l'industrie linière du département du Nord, a déclaré que les patrons liniers demandent la suppression de tout travail de nuit dans les industries textiles.

M. Jay, d'ailleurs, à ce qui semble, en désaccord avec la majorité du Congrès, a insisté pour la suppression immédiate du travail de nuit, sans qu'une entente internationale doive être considérée comme nécessaire au préalable. Sans doute, certaines industries peuvent souffrir momentanément de ces mesures. Ce sera le cas de les faire bénéficier de ces lois protectionnistes qui, contrairement à l'opinion soutenue par M. Luzzatti, se trouveront ainsi protéger l'homme indirectement, en protégeant directement la marchandise.

M. Keüfer, délégué permanent de la *Fédération des travailleurs du livre*, a insisté avec chaleur sur la nécessité de former l'esprit public à la suppression totale du travail de nuit. Que les patrons et les ouvriers s'entendent pour ne plus frauder la loi; que le public, en modifiant ses habitudes, leur rende cette conduite plus facile : il sera aisé de diminuer cette pratique désastreuse au point de vue social; des sanctions pénales plus sévères devront en même temps rendre plus onéreux de transgresser la loi.

M. Motte, député du Nord, a montré d'une manière fort intéressante comment le travail de nuit, dont la suppression est possible immédiatement dans certaines industries textiles telles que la filature, est au contraire nécessaire à l'heure actuelle pour les peignages, particulièrement pour le peignage de la laine. Cette dernière industrie ne pourra se passer du travail de nuit que le jour où l'Allemagne et la Belgique adopteront la même mesure.

Plus brève que la discussion de la limitation de la journée du travail, la discussion de la suppression du travail de nuit a été plus animée. Conformément au principe annoncé, il n'a pas été procédé à un vote, mais l'opinion générale du Congrès a été facile à constater. L'assemblée a été unanime à condamner le travail de nuit et à souhaiter sa suppression, sauf dans les usines à feu continu. Il paraît évident, que pour les adultes, il est encore trop souvent d'une nécessité incontestable. En ce qui concerne les femmes et les enfants, il doit être combattu avec persévérance. Il faut diminuer les exceptions qui l'autorisent et augmenter les pénalités de ceux qui enfreignent la loi.

IV. — INSPECTION DU TRAVAIL.

La création de l'inspection du travail constitue le complément nécessaire de toute législation protectrice de l'ouvrier. A quoi bon tenir des lois en effet si l'exécution n'en est pas assurée? La question de l'inspection du travail devait naturellement s'imposer à l'attention du Congrès après celle de la limitation de la journée de travail et de l'interdiction du travail de nuit.

Un assez grand nombre de rapports ont traité accessoirement de l'organisation de l'inspection. Mais il n'y en a eu que cinq qui se soient préoccupés uniquement de cette question.

M. Fuchs a décrit, dans un rapport fort intéressant, *L'inspection du travail en Allemagne.*

M. L. Varlez a étudié *L'inspection du travail en Belgique.*

M. A. Fontaine a publié des *Notes sur l'inspection du travail au moyen de délégués ouvriers en France.*

Miss H. Harrisson a donné une *Revue historique du développement de l'inspection des manufactures et des ateliers dans le Royaume-Uni depuis 1803 jusqu'à nos jours.*

M. Otto Lang a étudié *L'inspection du travail en Suisse.*

Pour être efficace, il faut que l'inspection du travail inspire confiance aux ouvriers.

Pour lui donner l'action la plus étendue et pour enlever aux ouvriers ce qui demeure chez eux de méfiances, un moyen est réclamé depuis longtemps par un grand nombre de travailleurs : c'est l'accession des ouvriers aux fonctions d'inspecteurs. Le jour où les ouvriers seront représentés dans l'inspectorat, ils sentiront véritablement l'importance de cette institution qui jouera dès lors en pleine liberté son rôle de gardienne de la loi et de médiatrice entre patrons et travailleurs.

C'est à vrai dire cette question de l'admission des ouvriers dans l'inspection qui a formé le fond des allocutions prononcées par les onze orateurs qui se sont succédé à la tribune du Congrès.

M. Brust, au nom de 152,000 ouvriers d'associations chrétiennes allemandes, est venu demander que, particulièrement en ce qui concerne les mines, les ouvriers soient adjoints comme collaborateurs à l'inspection. Celle-ci ignore les abus qui sont tolérés, parce qu'elle ne connaît pas le détail pratique du travail.

M. Giesbertz, représentant des sociétés ouvrières catholiques d'Allemagne, demande que l'instruction technique des inspecteurs soit développée; il faut aussi accroître leur nombre et les pénalités qu'ils peuvent infliger. Les ouvriers doivent être associés à l'inspection particulièrement dans l'industrie des mines et celle du bâtiment. Il faut multiplier les créations d'inspectrices du travail et recommander aux inspecteurs de se maintenir en contact direct et permanent avec les ouvriers.

M. Grommer, licencié ès sciences de l'Université de Berlin, signale les abus dont sont victimes de la part des grands propriétaires les ouvriers agricoles de l'Allemagne orientale; il faut les soumettre au contrôle de l'inspection du travail.

M. Louis Guyon, inspecteur des établissements industriels et des édifices publics à Montréal, a fait une communication des plus applaudies relativement à la législation protectrice du travail au Canada :

« Les relations entre les inspecteurs et la classe ouvrière dans notre pays, a-t-il dit, sont cordiales, et je ne puis en donner une meilleure preuve qu'en vous disant que c'est à la demande des travailleurs de mon pays que le Gouvernement m'a chargé de la mission qui m'occupe en ce moment. Aussi croyons-nous, au Canada comme aux États-Unis, que le meilleur appui de l'inspection du travail réside dans l'organisation forte et complète des travailleurs. »

M. E. Laporte, inspecteur divisionnaire du travail, a étudié de quelle manière pouvait être opérée l'adjonction des ouvriers à l'inspection. La multiplicité des professions empêche d'établir partout des délégués ouvriers qui joueraient un rôle semblable à celui des délégués mineurs. Il faut également écarter comme antidémocratique la solution qui consisterait à nommer des délégués ouvriers chargés d'assister les inspecteurs du travail dans une situation secondaire. Il faut que les ouvriers entrent dans l'inspection par la même voie que les autres fonctionnaires : par celle du concours. On leur rendra la chose possible en modifiant le programme du concours en le faisant porter sur des matières moins théoriques et plus pratiques.

M. Champy s'associe aux paroles de M. Laporte; de plus, il demande que le corps des inspecteurs soit composé pour moitié d'ouvriers désignés par les syndicats; il réclame également la création d'inspectrices ouvrières. L'inspection devra s'étendre aux apprentis.

M. Quillent, conseiller prud'homme, membre de l'Union protectrice des jeunes travailleurs, demande que, pour aider l'inspecteur dans sa tâche, les particuliers se groupent en organisations privées ayant pour but d'amener, au point de vue pratique, l'application des lois protectrices du travail.

Mlle St. Bouvard, membre du Syndicat des fleuristes plumassières, demande que les couvents, ouvroirs, orphelinats et prisons ne fassent pas travailler leurs pensionnaires de manière à concurrencer les ouvriers.

M. Dubois, directeur de l'Office du travail en Belgique, a exposé de quelle manière les ouvriers étaient associés à l'inspection en Belgique :

« En Belgique, dit-il, nous avons onze inspecteurs-ingénieurs. Nous n'avons pas d'inspecteurs divisionnaires. Les onze inspecteurs-ingénieurs sont répartis entre neuf districts. L'élément ouvrier est représenté par quatre délégués. Ces délégués ont les mêmes droits que les inspecteurs-ingénieurs. Ils peuvent dresser des procès-verbaux. Ils sont convoqués avec les inspecteurs-ingénieurs. Ils jouissent auprès des industriels d'une grande considération. Ces délégués ouvriers ne sont pas indépendants; ils dépendent de l'inspecteur du district. Mais cette subordination n'a rien d'humiliant. .

« Un service d'inspection médicale a été créé parallèlement au service d'inspection du travail proprement dit. Indépendants l'un de l'autre, les deux services échangent fort utilement leurs renseignements. »

M. Fontaine, directeur du travail en France, résumant son rapport, a décrit comment fonctionne en France l'institution des délégués à la sécurité des ouvriers mineurs créée par la loi du 8 juillet 1890.

Le délégué mineur n'est ni un fonctionnaire, ni un contremaître. C'est simplement un visiteur-rapporteur, dont le rôle consiste à signaler les infractions qu'il constate. Même ainsi réduit, le rôle des délégués mineurs est très important et utile.

Il a consisté principalement à présenter une série d'observations qui ont contribué à faire améliorer l'hygiène de la mine et à amener la décroissance du nombre des petits accidents. Il a été également d'accroître le nombre des déclarations d'accidents.

On peut s'inspirer de ce précédent pour multiplier les délégués ouvriers qu'on associerait à l'inspection du travail.

Ils suppléeraient au manque d'inspecteurs, qui ne permet de visiter les usines que tous les deux ou trois ans. De plus, ils pourraient présenter des observations très utiles, que seuls ils sont à même de faire, parce qu'elles supposent la vie quotidienne dans l'atelier et la connaissance approfondie des conditions techniques du travail.

Comment les choisirait-on? Il y aurait divers systèmes. On pourrait avoir des inspecteurs ouvriers présentés par le Conseil supérieur du travail. On prendrait des inspecteurs ouvriers choisis par spécialités ou groupes de spécialités embrassant les professions similaires. Enfin on pourrait introduire le système de l'inspection facultative de la loi anglaise de 1887 : les ouvriers seraient admis à faire visiter, à leurs frais, les établissements où ils travaillent quand ils le jugeraient à propos.

M. Baumé a approuvé les paroles de M. Fontaine et a ajouté, sur les inspecteurs « qui visitent surtout la salle à manger de l'industriel », quelques insinuations qui ont soulevé des protestations nombreuses.

Résumant les impressions générales de l'assistance, M. de Philippovich, qui présidait, a exprimé très justement les conclusions suivantes :

« Le Congrès a reconnu que l'inspection du travail est une institution nécessaire; que la confiance des ouvriers est acquise à cette institution; il estime qu'il y aurait avantage à créer des inspectrices, des inspecteurs médicaux et et des inspecteurs ouvriers.

« Le Congrès estime qu'il faudrait renforcer les pénalités; qu'il serait bon qu'il s'établît des rapports entre les inspecteurs du travail des divers pays; enfin que les ouvriers doivent se faire les auxiliaires de l'inspection du travail dans leurs efforts pour assurer le respect de la législation protectrice du travail. »

V. — L'ASSOCIATION INTERNATIONALE
POUR LA PROTECTION LÉGALE DES TRAVAILLEURS.

1. Nous avons rappelé au début de ce travail sous quelles formes avait été proposé et même esquissé avant le Congrès de 1900 un groupement international pour favoriser le progrès de la législation protectrice du travail, soit sous la forme d'un bureau international officiel ainsi que l'idée en avait été mise en avant en Suisse à plusieurs reprises depuis la conférence de Berlin [1], soit sous celle d'une association privée telle qu'elle avait été entreprise en Belgique et en Allemagne à la suite du Congrès de Bruxelles [2]. Nous avons également dit comment, à la séance d'ouverture du Congrès, MM. Cauwès, président de la Commission d'organisation du Congrès, et Millerand, Ministre du Commerce, avaient proposé l'organisation de cette association comme le but principal de l'activité du Congrès. Tous deux s'étaient successivement prononcés pour la création d'une association privée, de préférence à un bureau officiel.

« Cette forme d'organisation plus modeste, — disait M. Cauwès, — dont l'action serait plus indirecte et peut-être moins sensible, rachèterait cette infériorité par la possibilité d'étendre davantage le cercle de ses attributions que celle d'un organe officiel — si tant est qu'on parvînt à le créer. Celles d'un office public seront toujours, selon toute vraisemblance, assez jalousement circonscrites à cause des appréhensions des gouvernements. Rien, au contraire, n'empêcherait qu'une association privée, purement scientifique, ne proposât à son activité, au fur et à mesure que ses ressources le lui permettront, tous les buts répondant à son objet. Ce serait un centre d'études permanentes, où pourraient être en premier lieu réunis et publiés, sous formes d'annuaires

[1] M. Th. Curti, conseiller national suisse, en traçait le plan dans un rapport intéressant adressé au Congrès sur le *Bureau international pour la protection des ouvriers.*

[2] Voir les rapports adressés au Congrès par MM. Mahaim sur l'*Union internationale pour la protection légale des travailleurs,* et E. Waxweiler sur le *Rôle d'une association internationale pour le progrès de la législation du travail.*

et de bulletins et traduits en plusieurs langues, les lois, les documents administratifs, les rapports relatifs à l'exécution des lois, puis toutes les informations, les enquêtes sur le régime du travail; il lui appartiendrait en outre de dresser des statistiques internationales ou plus pratiquement de déterminer des bases communes pour l'établissement et l'utilisation des statistiques ouvrières de chaque pays; de provoquer par ses travaux certains courants d'opinion en faveur de réformes législatives; enfin de convoquer, au moment le plus opportun, des congrès relatifs à la législation du travail. »

M. Millerand, Ministre du Commerce, qui déjà quelque temps auparavant avait dit publiquement à la tribune de la Chambre tout le bien qu'il attendait de la nouvelle création acheva de dissiper les dernières illusions, s'il en subsistait, des partisans du bureau officiel. Il montra que le sentiment des responsabilités très légitimes qui incombent à nos gouvernements les empêcherait assurément de donner à un office de ce genre une existence active. Une association privée, sans doute, n'agira pas légalement, mais elle agira sur l'opinion. Et ceci est le plus important.

« Il y a dans chaque nation un petit noyau d'hommes qui, pour une catégorie donnée de questions, sont vraiment les représentants autorisés de l'opinion publique de leur pays. Lorsque ces hommes, armés d'informations et de renseignements de toute sorte, se réunissent, entrent en contact avec les représentants des autres pays, poursuivant les mêmes études, ayant les mêmes préoccupations, — qu'il s'agisse de la science sociale, de la science médicale ou de toute autre branche des connaissances humaines, — fatalement l'opinion qu'ils représentent se répand, se propage, et quand l'opinion publique est gagnée, les Gouvernements sont bien près d'être conquis. »

La voie était donc nettement tracée à la Commission d'organisation chargée au début du Congrès, de préparer la formation de la nouvelle association. Ses travaux furent actifs. Il fallut de nombreux compromis et des concessions mutuelles. On finit par aboutir. Le rapport que M. Mahaim vint faire en son nom à la dernière séance du Congrès et où il expliqua le caractère et le but de l'association fut en conformité parfaite avec les idées exprimées par MM. Cauwès et Millerand.

2. Le but primordial de l'association est de servir de lien entre ceux qui dans les différents pays sont partisans de la législation protectrice du travail. Cette union est indispensable pour leur permettre de faire progresser leur œuvre.

La moindre proposition de réglementation du travail s'est heurtée, se heurte et se heurtera toujours à l'objection de la concurrence étrangère.

Quand, en 1802, sir Robert Peel, présenta à la Chambre des communes les premières mesures destinées à sauvegarder la vie et la santé des enfants dans les filatures de coton, on lui prédit qu'il allait ruiner l'industrie nationale au profit de ses concurrents français. Cet avertissement et cette menace se reproduisent dans tous les pays chaque fois qu'on demande la plus petite restriction au droit de l'industriel. L'objection prend de jour en jour plus de force à mesure que l'interdépendance des nations industrielles devient plus étroite. Elle ne peut être négligée par personne, car personne ne désire ruiner ou mettre en péril l'industrie de son pays.

L'étude des conditions de la concurrence étrangère et de l'application des lois du travail dans tous les pays s'impose donc à nous impérieusement. Rien d'ailleurs n'est plus rassurant et plus instructif; on y voit notamment comment les prédictions pessimistes et les menaces des industriels se sont trouvées démenties par les faits et comment l'industrie sait s'adapter aux conditions nouvelles que la loi lui impose pour y puiser précisément des éléments de vigueur, de prospérité et de puissance.

Mais l'opinion publique, dans tous les pays, n'est pas faite à ces idées. Il y a bien des préjugés à renverser, bien des préventions à combattre. L'industriel responsable est facilement cru sur parole. La seule réponse qui parle est celle de l'expérience. Il faut que les partisans de la protection légale s'offrent mutuellement l'assistance de leurs propres constatations; il faut qu'ils aient à leur disposition la multitude des faits positifs, irrécusables et péremptoires, bref, il faut qu'ils soient liés par delà les frontières, dans la conscience du but élevé qu'ils poursuivent, par un échange réciproque de tout ce que l'observation pratique fournit d'utile pour leur cause. C'est ainsi seulement que l'opinion publique pourra être préparée à agir sur le législateur avec l'aide des ouvriers, les premiers intéressés. Pour remplir cette tâche considérable, l'association organisera un *Office international du travail* qui aura pour mission de publier en français, en allemand et en anglais, un *Recueil périodique de la législation du travail dans tous les pays*, ou de prêter son concours [1] à une publication semblable.

Ce recueil comprendra :

a. Le texte ou le résumé de toutes les lois, règlements et arrêtés en vigueur relatifs à la protection des ouvriers en général et notamment au travail des enfants et des femmes, à la limitation des heures de travail des ouvriers mâles et adultes, au repos du dimanche, ou repos périodiques, aux industries dangereuses;

b. Un exposé historique relatif à ces lois et règlements ;

c. Le résumé des rapports et documents officiels concernant l'interprétation et l'exécution de ces lois et arrêtés.

L'Office international aura également pour mission de faciliter l'étude de la législation du travail dans divers pays et, en particulier, de fournir aux membres de l'Association des renseignements sur la législation en vigueur et leur application dans les divers États.

Il remplira cette tâche, grâce à un bureau de renseignements distinct de l'Office de publication.

---

[1] La Belgique, à la suite du Congrès de 1897 a déjà entrepris la publication d'un tel recueil. Il y aura donc profit pour l'association à s'entendre à ce sujet avec le Département de l'industrie et du travail de Belgique: de là la locution « prêter son concours ».

Ce bureau de renseignements constituera une des parties les plus importantes de la nouvelle institution.

L'Office international aura encore pour attributions de favoriser, par la préparation de mémoires ou autrement, l'étude de la question de la concordance des diverses législations protectrices des ouvriers, ainsi que celle d'une statistique internationale du travail.

Enfin il aura à provoquer la réunion des Congrès internationaux de législation du travail.

Ayant ainsi exposé le but et les moyens d'action de l'Association, M. Mahaim en a ensuite esquissé la constitution; les organisateurs se sont préoccupés à la fois de lui donner une base très large pour augmenter son influence et une direction jouissant d'une grande liberté d'action. Elle sera dirigée par un Comité composé de membres appartenant aux divers États admis à y avoir une représentation. Cette représentation sera de six membres dès que cinquante de ses citoyens auront adhéré à l'Association. Chaque cinquantaine nouvelle donnera droit à un siège de plus sans que le même État puisse avoir plus de dix membres au Comité. Les gouvernements seront invités à y envoyer des délégués afin d'en suivre les opérations. Le siège du Comité sera vraisemblablement la Suisse. On réduira au minimum le bureau permanent.

Tel est, dans ses traits généraux, l'économie de la nouvelle association, que M. Mahaim exposa avec beaucoup de clarté et de feu.

3. La grande majorité du Congrès accueillit avec une faveur marquée cet intéressant exposé. M. Mahaim avait souligné les difficultés qu'il y aurait à demander des changements à un programme mûrement délibéré et à des statuts établis après des débats prolongés. Il ne s'engagea pas de discussion sur l'organisation de l'Association internationale elle-même. M. von Berlepsch au nom du Comité provisoire allemand, M. von Philippovich au nom du Comité provisoire belge, M. Curti au nom de la Suisse, M. Toniolo au nom de l'Italie, M. Hirsch au nom de nombreuses associations ouvrières allemandes, M. Louis Guyon au nom du gouvernement de la province de Québec, M. Cauwès au nom de la France, déclarèrent adhérer aux statuts et annoncèrent leur espoir de constituer à bref délai, dans leurs pays respectifs, une section nationale de l'Association. A l'unanimité des voix moins une, le Congrès approuva la création de l'association dans les termes spécifiés par M. Mahaim. Ce vote unique est éloquent à coup sûr. Sur la proposition de M. von Berlepsch, M. Scherrer fut nommé président du Comité provisoire et M. Mahaim, secrétaire général provisoire, avec MM. Cauwès, Toniolo, von Philippovich et von Berlepsch comme membres provisoires. Malgré quelques difficultés soulevées par M. Reichesberg qui déclara que ses commettants feraient probablement des objections à certaines clauses des statuts, et, malgré un autre incident plus grave sur lequel nous aurons à revenir, le Congrès se termina dans un atmosphère d'union générale. M. Hirsch se fit l'interprète d'un sentiment commun en déclarant sa satisfaction de l'œuvre accomplie par l'assemblée et en exprimant le vœu que la classe ouvrière la saluerait comme une œuvre de délivrance et de bien public.

M. Cauwès qui avait ouvert le Congrès en lui indiquant la tâche à accom-

plir, put le clôturer en le félicitant d'avoir su la remplir ; et les applaudissements unanimes qui saluèrent ses paroles traduisirent assurément un sentiment général de satisfaction des résultats obtenus.

CONCLUSION.

Je ne crois pas exagéré de dire que le Congrès de 1900 laissera un souvenir
durable et a accompli une œuvre utile.

Sur les trois premières questions portées à son programme, limitation de
la journée de travail, interdiction du travail de nuit, inspection du travail, il
a suscité des rapports fort instructifs et des discussions intéressantes dont les
conclusions s'imposent à l'attention des législateurs. Bien que les votes formels
n'aient pas été émis, nous avons eu l'occasion de constater que des courants
de pensée presque unanimes s'étaient dessinés ; ils méritent d'être retenus
malgré leur caractère de généralité, et M. Cauwès les a, dans son discours
final, résumés avec beaucoup de justesse. La fixation à bref délai de la journée
de travail de dix heures dans chaque pays, la suppression totale du travail de
nuit par voie internationale (exception faite des usines à feu continu), le
renforcement de l'inspection par l'accroissement et par l'accession des ouvriers
dans le corps des inspecteurs, sont des desiderata qu'il était important de voir
formuler par une assemblée aussi considérable.

Enfin, le Congrès a fait mieux qu'un vœu. Il a abouti à une création posi-
tive, celle de l'a‑ ‑ciation internationale pour la protection légale des travailleurs souhaitée o.   ‑s si longtemps, et qui, pour la première fois, a pris
corps. Nous n'avons ʌ   à ajouter à ce que nous avons dit de tout l'intérêt
qui s'attache à une pareille institution. Elle est véritablement la condition
nécessaire du développement de la législation protectrice du travail.

Il ne faut pas néanmoins se dissimuler qu'il y a encore nombre de difficultés à vaincre pour assurer définitivement sa formation. Le baiser Lamou-
rette, qui, soit dit sans ironie aucune, a terminé le Congrès, n'est pas la
conclusion d'une entente ferme ; il n'est que le gage de bonnes volontés qu'il
s'agit de ne pas laisser refroidir. Il y a encore beaucoup à faire pour constituer
l'association en corps agissant.

L'une des moindres difficultés ne sera pas d'intéresser sérieusement les
ouvriers à une institution qui a incontestablement une origine « bourgeoise ». Or
leur concours est des plus précieux, pour ne pas dire des plus indispensables.
Sans doute, demeurant un bureau de renseignements et d'études, une petite
chapelle d'économistes et de savants, l'association jouerait un rôle utile. Il serait
fort loin de celui de « l'Internationale de la paix » esquissée par M. Mahaim, où
bourgeois et ouvriers marcheraient la main dans la main vers la conquête
pacifique de quelques-uns des avantages que l'Internationale socialiste n'a pu
obtenir par la violence. Pour remplir une telle tâche, il faut à l'association
une base solide dans les milieux ouvriers. Puisse-t-elle d'abord la conquérir
et puis la conserver !

Mais par-dessus tout, et ceci est la condition essentielle de vie pour l'association future, il est nécessaire que ses membres, se rendant compte de ce

pourquoi ils s'associent, répudient toutes les causes de division que pourrait amener entre eux la diversité de leurs opinions sur d'autres sujets.

Le passé doit déjà enseigner l'abdication momentanée que les associés devront faire de certaines de leurs préférences et les difficultés qu'il y a à l'obtenir. Au Congrès de Zurich déjà l'admission des catholiques provoqua des difficultés et amena l'abstention des socialistes français. Plus tard le Comité provisoire allemand n'a pas compté de socialistes dans son sein. A Paris même, on a pu craindre un moment qu'une dissension se produisît avant la fin du Congrès. M. Mahaim ayant montré l'utilité qu'il y avait pour le développement de l'institution à inviter tous les gouvernements reconnus, y compris le Saint-Siège, à y envoyer des délégués, M. Champy a cru nécessaire de protester contre cette admission du Saint-Siège au nom de ses sentiments anticléricaux : il n'a rien moins fallu que la sincérité émue et communicative de M. Raoul Jay, catholique convaincu et véritable organisateur du Congrès, la diplomatie de M. von Berlepsch, le bon sens chaleureux de M. Keüfer et la belle emphase de M. Lagardelle, directeur du *Mouvement socialiste*, pour faire admettre, à l'unanimité moins une voix, qu'il vaut mieux ne pas introduire les questions de religion là où elles n'ont rien à voir et que ce n'est pas faire du cléricalisme que de constater qu'à l'heure actuelle le Saint-Siège a des ambassadeurs et exerce une certaine autorité morale.

Cet incident, qui a suscité une émotion pénible à la fin du Congrès, doit être un enseignement à tous les amis de la nouvelle association. Dans nos temps d'intolérance, le respect de la liberté d'autrui n'est pas précisément à la mode. Il importe que les partisans de la législation du travail se convainquent que, s'ils veulent arriver à quelque chose, il est non pas utile, mais indispensable qu'ils oublient momentanément ce qui les divise pour se sentir unis par ce qu'ils réclament en commun. Les partisans de l'intervention se recrutent dans les partis politiques et religieux les plus opposés. Rien ne les empêchera de se retrouver adversaires sur tout autre terrain. Mais il faut qu'ils ne s'en souviennent pas lorsqu'ils sont réunis, ou d'elle-même leur tentative d'association se dissoudra ou sera impuissante. C'est là une question de vie ou de mort. L'association sera tolérante ou ne sera pas.

Ces difficultés sont graves et il faut les envisager en face. On peut espérer cependant qu'elles ne sont pas insurmontables et nombre d'adhérents du Congrès l'espèrent fermement. La nouvelle association paraît viable. Sa naissance est de celles qu'il convient de saluer avec sympathie. De nos jours où la pénétration réciproque des nations est si grande, où leurs intérêts économiques et sociaux s'enchevêtrent à l'infini, tout grand problème prend forcément un caractère international et l'organisation de bureaux internationaux de l'espèce de celui qui vient de se constituer devient une condition absolue de progrès social. Leur nombre va croissant. Il faut s'en féliciter, parce que par eux s'affirme et se consolide la notion pacifique de solidarité humaine et le principe de la tolérance réciproque.

C'est grâce à eux que les nations peuvent s'assurer mutuellement contre un certain nombre de maux qui constituent peut-être un surcroît inutile de la misère humaine. Des conférences internationales sont arrivées à diminuer quelque peu le cortège des barbaries qui accompagnent la guerre. Quelque chemin qu'il reste à parcourir, il y a quelque chose de fait. Dans la guerre économique où les compétitions sont aussi ardentes et plus continues, l'association internationale peut remplir le même office. Elle peut rendre moins dur pour la classe ouvrière le fonctionnement de la concurrence nationale et internationale. On a proscrit des guerres modernes l'emploi de certains projectiles explosifs et des poisons ; on a imposé le respect de la propriété privée. N'est-il pas permis d'espérer qu'un jour seront proscrites par une entente internationale les conditions de travail préjudiciables à la femme, à l'enfant et à l'homme lui-même ? Dût la production même en être diminuée, et nous n'en sommes pas là, il demeurerait légitime d'interdire certains excès de souffrance humaine.

L'Association internationale pour la protection des travailleurs y travaillera pour sa part.

ASSOCIATION INTERNATIONALE

POUR

LA PROTECTION LÉGALE DES TRAVAILLEURS

STATUTS

Art. 1ᵉʳ. Il est formé une *Association internationale pour la protection légale des travailleurs*. Le siège de l'Association est en Suisse.

Art. 2. Cette association a pour but :

1° De servir de lien entre ceux qui, dans les différents pays industriels, considèrent la législation protectrice des travailleurs comme nécessaire;

2° D'organiser un *office international du travail* qui aura pour mission de publier en français, en allemand et en anglais, un *recueil périodique de la législation du travail dans tous les pays* ou de prêter son concours à une publication semblable.

Ce recueil comprendra :

a) Le texte ou le résumé de toutes les lois, règlements et arrêtés en vigueur relatifs à la protection des ouvriers en général, et notamment au travail des enfants et des femmes, à la limitation des heures de travail des ouvriers mâles et adultes, au repos du dimanche ou repos périodiques, aux industries dangereuses;

b) Un exposé historique relatif à ces lois et règlements;

c) Le résumé des rapports et documents officiels concernant l'interprétation et l'exécution de ces lois et arrêtés;

3° De faciliter l'étude de la législation du travail dans les divers pays et, en particulier, de fournir aux membres de l'Association des renseignements sur les législations en vigueur et leur application dans les divers États;

4° De favoriser, par la préparation de mémoires ou autrement, l'étude de la question de la concordance des diverses législations protectrices des ouvriers, ainsi que celle d'une statistique internationale du travail;

5° De provoquer la réunion de Congrès internationaux de législation du travail.

Art. 3. L'Association se compose de toutes les personnes et des sociétés (autres que les sections nationales) qui adhèrent au but de l'Association, tel qu'il est indiqué aux articles 1 et 2, et qui versent au trésorier une cotisation annuelle de dix francs.

Art. 4. Tout membre qui, au bout d'un an, aura négligé ou refusé d'acquitter sa cotisation, sera considéré comme démissionnaire.

Art. 5. Les membres ont droit aux publications éventuelles de l'Association.

Ils ont également le droit de recevoir gratuitement, du bureau de renseignements qui pourra être institué et conformément à son règlement spécial, les indications rentrant dans la compétence de ce bureau.

Art. 6. L'Association est dirigée par un comité composé de membres appartenant aux divers États admis à y voir une représentation.

Art. 7. Tout État sera représenté au sein du comité par six membres, dès que cinquante de ses citoyens auront adhéré à l'Association.

Au delà de ce nombre, chaque groupe nouveau de cinquante adhérents donnera droit à un siège de plus, sans que le nombre total de membres du comité d'un même État puisse dépasser dix.

Les gouvernements seront invités à désigner chacun un délégué, qui aura, au sein du comité, les mêmes droits que les autres membres.

Art. 8. La durée du mandat des membres du comité n'est pas limitée et ce comité se recrute par cooptation.

L'élection de nouveaux membres du comité en remplacement des membres démissionnaires ou décédés se fera, sur la proposition des membres appartenant respectivement aux États ayant droit à des représentants.

Le vote a lieu au scrutin secret, dans une réunion du comité, dont la convocation contient l'indication des candidats présentés. Les membres n'assistant pas à cette réunion peuvent envoyer au président leur vote sous pli cacheté.

Art. 9. Le comité est compétent pour prendre toutes les résolutions utiles à l'accomplissement du but de l'Association.

Il se réunit en assemblée générale au moins une fois tous les deux ans.

Il peut être convoqué par le bureau, chaque fois que celui-ci le juge nécessaire, ou quand quinze membres du comité au moins le demandent.

Le choix du lieu de la réunion résulte de la consultation par écrit de tous les membres du comité, faite par le secrétaire général, dans les délais fixés par le bureau.

Art. 10. Le comité élit dans son sein, pour deux ans, un bureau composé d'un président, d'un vice-président et d'un secrétaire général.

Le comité nomme également le trésorier de l'Association.

Art. 11. Le bureau a pour mission de prendre les mesures nécessaires pour l'exécution des résolutions du comité.

Il gère les fonds de l'Association.

Il fait chaque année un rapport au comité sur sa gestion et ses opérations.

Il nomme les employés et autres personnes nécessaires au service de l'Association.

Il se met en rapport, dans tous les États industriels, avec des spécialistes et des hommes compétents, disposés à fournir des renseignements sur les lois du travail et leur application. Ces personnes pourront recevoir le titre de *correspondants de l'Association.*

Art. 12. Le Secrétaire général a la direction de la correspondance de l'Association du comité et du bureau, ainsi que des publications et du service des renseignements.

Art. 13. Le Trésorier perçoit les cotisations et a la garde des fonds. Il ne fait de payement que sur le visa du Président.

Art. 14. Une section nationale de l'Association pourra se former dans un pays, à la condition de compter au moins 5o personnes et de verser à la caisse de l'Association une contribution annuelle minima de mille francs. Les statuts de cette section devront être approuvés par le comité.

Cette section aura le droit de pourvoir aux vacances qui se produiront, parmi les représentants de son pays, au sein du comité.

Les membres d'une section nationale auront les mêmes droits que ceux de l'Association, sous cette réserve que les publications à lui fournir par l'Association, ainsi que sa représentation au sein du comité, seront proportionnelles à sa contribution annuelle

Art. 15. Les présents statuts ne pourront être revisés, en tout ou en partie, que dans une assemblée du comité, à la majorité des deux tiers des voix des membres présents et quand la proposition de revision aura été insérée dans la convocation.

Imprimerie nationale. — 6521-97-1900.

www.ingramcontent.com/pod-product-compliance
Lightning Source LLC
Chambersburg PA
CBHW051334060726
47596CB00004B/1613